AF312803

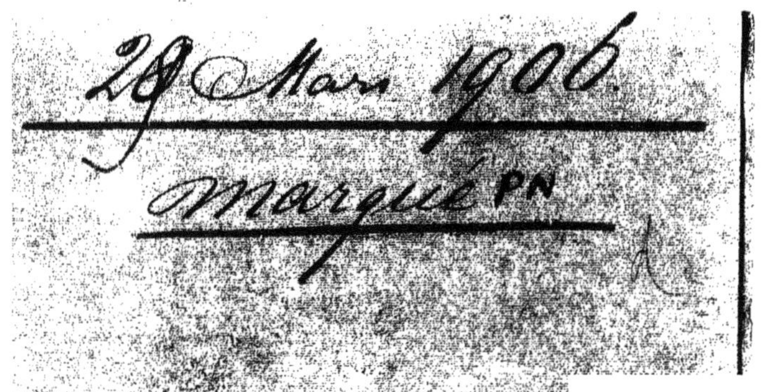

DESSINS ANCIENS

DES

Écoles Française et Anglaise du XVIIIᵉ Siècle

PROVENANT DE LA

COLLECTION D'UN AMATEUR

CATALOGUE

DE

Dessins Anciens

DES

Écoles Française et Anglaise du XVIIIᵉ Siècle

PAR

BONNET, BOUCHER, CASANOVA, DOYEN, FRAGONARD, LAGRENÉE, C. VAN LOO,
PARROCEL, PIERRE, SLODTZ, ETC., ETC.

Provenant de la

Collection d'un Amateur

ET DONT LA VENTE AURA LIEU

HOTEL DROUOT, SALLE N° 11
Le Jeudi 29 Mars 1906
à quatre heures

<table>
<tr><td>COMMISSAIRE-PRISEUR
Mᶜ PAUL CHEVALLIER
10, rue Grange-Batelière</td><td>EXPERT
M. JULES FÉRAL
7, rue Saint-Georges</td></tr>
</table>

EXPOSITIONS

PARTICULIÈRE : *Le Mercredi 28 Mars 1906, de 1 h. 1/2 à 5 h. 1/2.*
PUBLIQUE : *Le Jeudi 29 Mars 1906, Jour de la vente, de 1 h. 1/2 à 4 h.*

CONDITIONS DE LA VENTE

Elle sera faite au comptant.

Les adjudicataires paieront dix pour cent en sus des enchères.

Paris. — Imp. de l'Art, E. Moreau et Cie, 41, rue de la Victoire

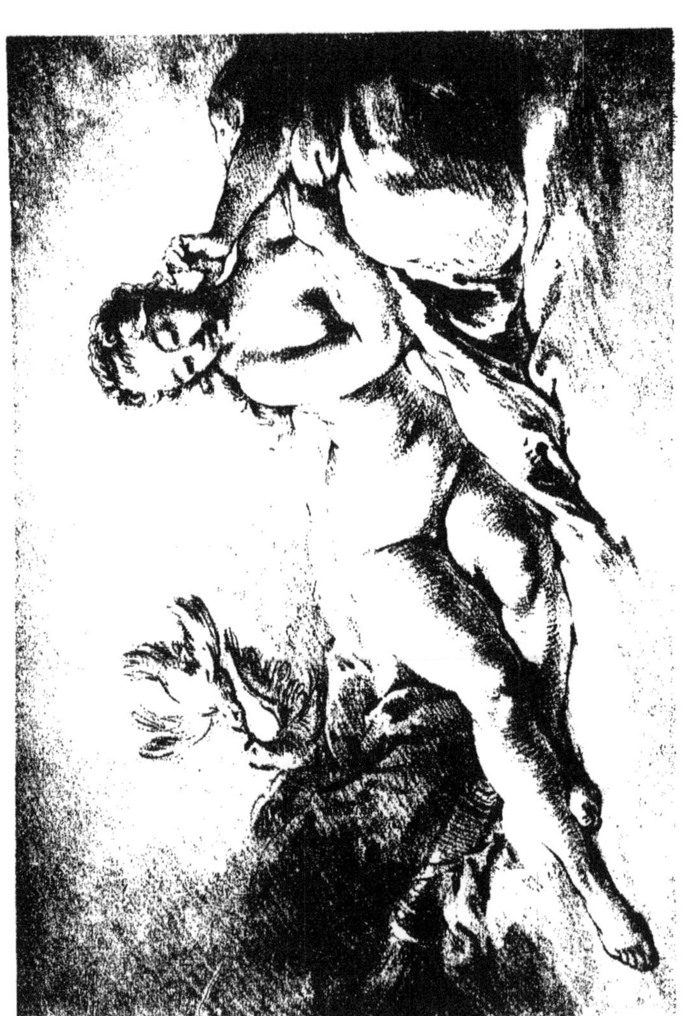

DÉSIGNATION

DESSINS ANCIENS

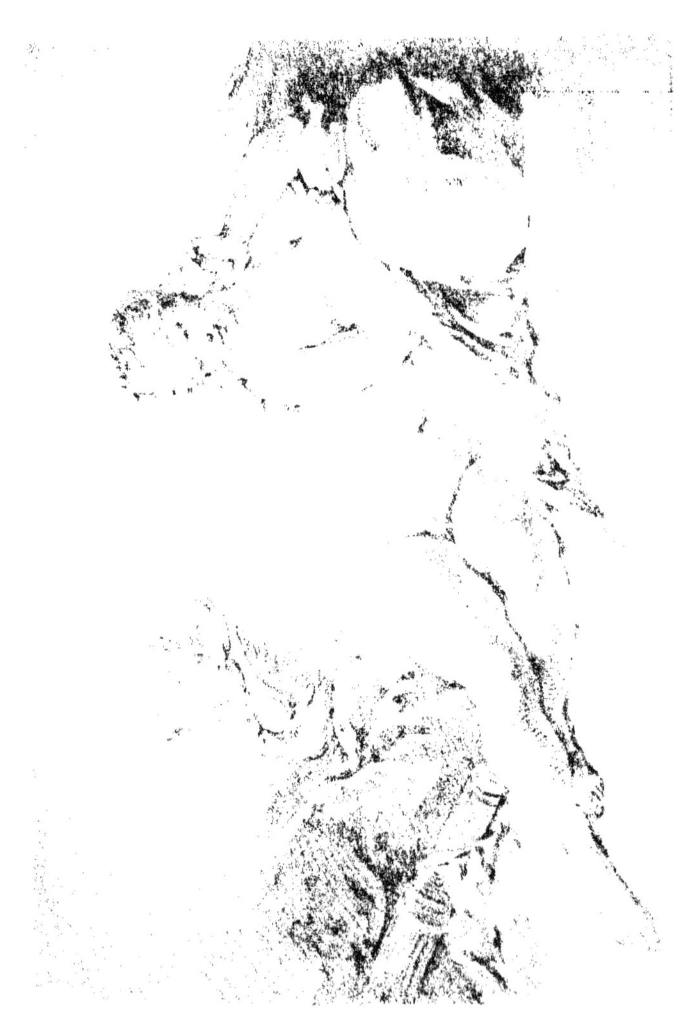

DÉSIGNATION

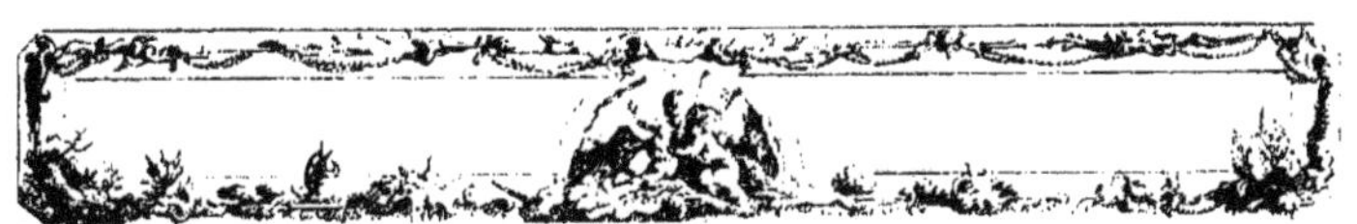

DESSINS ANCIENS

BONNET
LOUIS-MARIN
Paris, 1735 ?

1 — *Étude de Femme drapée.*

Elle est assise au bord d'un socle de pierre, le haut du corps penché
sur la droite et retenant autour d'elle d'amples draperies.
Dessin au crayon noir, rehaussé de blanc, sur papier bleu.
Monture ancienne.

Haut., 34 cent.; larg., 21 cent.

4

BOUCHER
(FRANÇOIS)
Paris, 1703-1770

2 — *Vénus au repos.*

La déesse est étendue sur des draperies, le haut du corps appuyé sur un coussin, les yeux baissés, la tête inclinée sur l'épaule.

A gauche, un couple de colombes et un carquois.

Beau et gracieux dessin au crayon noir, rehaussé de sanguine et de blanc.

Monture ancienne.

Haut., 31 cent.; larg., 45 cent.

BOUCHER
(FRANÇOIS)

3 — *Femme nue vue de dos.*

Elle est étendue sur une draperie, les jambes pliées l'une sur l'autre, le bras droit accoudé et soutenant le torse, les cheveux relevés sur la tête découvrant toute la nuque.

Très beau dessin à la sanguine, rehaussé de blanc.

Monture ancienne.

Haut., 14 cent.; larg., 41 cent.

BOUCHER
(FRANÇOIS)

4 — *Nymphe et Amour.*

Une jeune femme assise à terre, la taille entourée d'une draperie, porte sur ses genoux un amour.

Charmant dessin au crayon noir et à l'estompe, rehaussé de pastel.

Monture ancienne.

Haut., 45 cent.; larg., 31 cent.

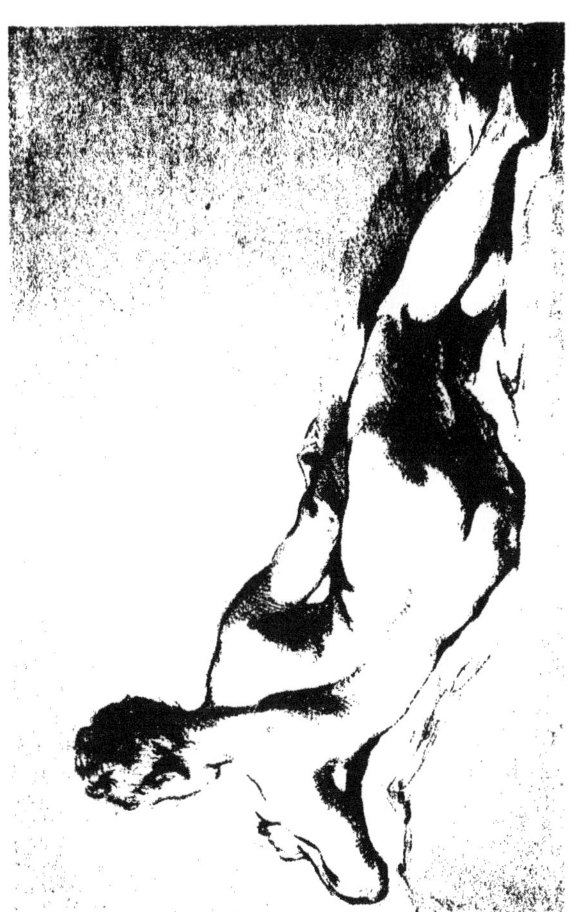

BOUCHER
(FRANÇOIS)

5 — Une Bacchante.

Une jeune femme vue de dos est assise près d'une urne d'où jaillit un cours d'eau, le haut du corps appuyé contre un tertre couvert d'une draperie ; elle a les cheveux couronnés de pampre et bouclés sur la nuque.

Derrière elle un tambourin.

Dessin à la pierre d'Italie, rehaussé de sanguine et de blanc.

Monture ancienne.

Haut., 28 cent.; larg., 46 cent.

BOUCHER
(FRANÇOIS)

6 — Jeune Femme représentée avec les attributs d'une Source.

Elle est assise, accoudée sur un coussin, les jambes croisées, les cheveux relevés et bouclés sur les oreilles, un ruban noir autour du cou.

Au second plan, une urne et un gouvernail.

Dessin à la sanguine, rehaussé de blanc.

Haut., 25 cent.; larg., 34 cent.

BOUCHER
(FRANÇOIS)

7 — Nymphe sommeillant.

Elle est étendue dans la campagne, les jambes croisées, le dos appuyé contre un tertre, un manteau drapé derrière elle, le bras droit accoudé et soutenant de sa main sa tête aux cheveux bouclés.

Dessin à la sanguine, rehaussé de blanc.

Monture ancienne.

Haut., 23 cent ; larg., 33 cent.

CASANOVA

FRANÇOIS-JOSEPH

Londres, 1727-1805

8 — *Étude de cheval.*

Galopant et chargé d'une selle avec fontes
Dessin à la sanguine, rehaussé de blanc sur papier gris.

Haut., 21 cent. Larg., 29 cent.

DOYEN

GABRIEL-FRANÇOIS

Paris, 1726-1806

9 — *Œdipe enfant sauvé par le berger de Polybe.*

Dessin au lavis de bistre, rehaussé de blanc.

Haut., 31 cent. Larg., 23 cent.

FRAGONARD

JEAN-HONORÉ

Grasse, 1732-1806

10 — *L'Incendie de la Ferme.*

Une colonne de fumée s'élève de la cour d'une ferme incendiée. A la
lueur des flammes, des paysans poussent leurs troupeaux dans la campagne. A gauche, devant un vieux pigeonnier, un homme agenouillé à
terre fait un paquet devant une femme qui joint les mains.
Dessin au crayon noir et à l'estompe, rehaussé de blanc.
Monture ancienne.

Haut., 30 cent. Larg., 40 cent.

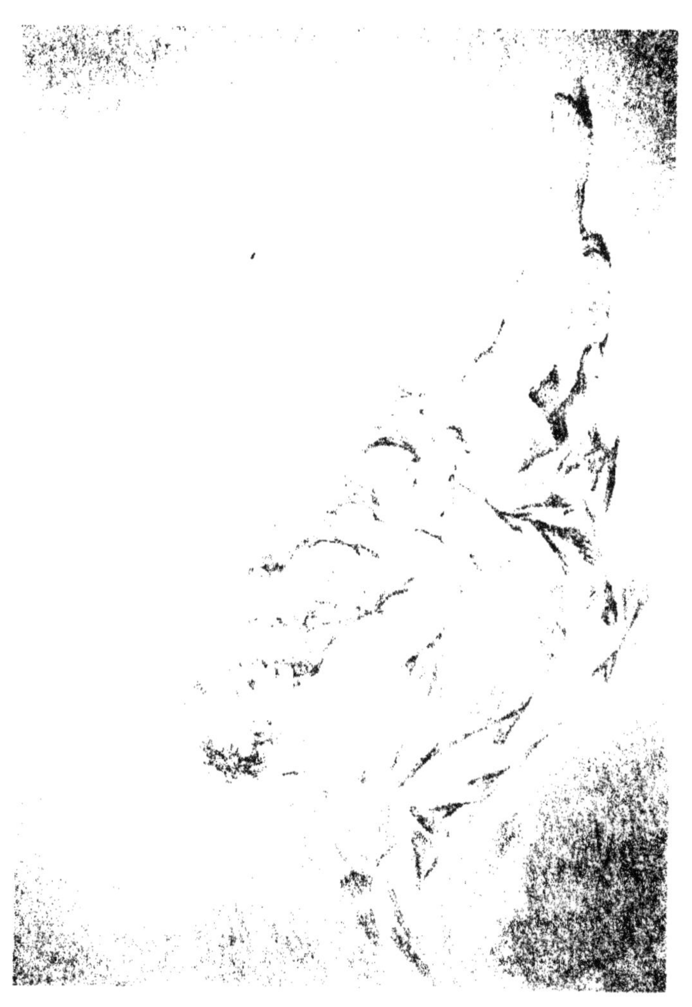

CASANOVA

DOYEN

FRAGONARD

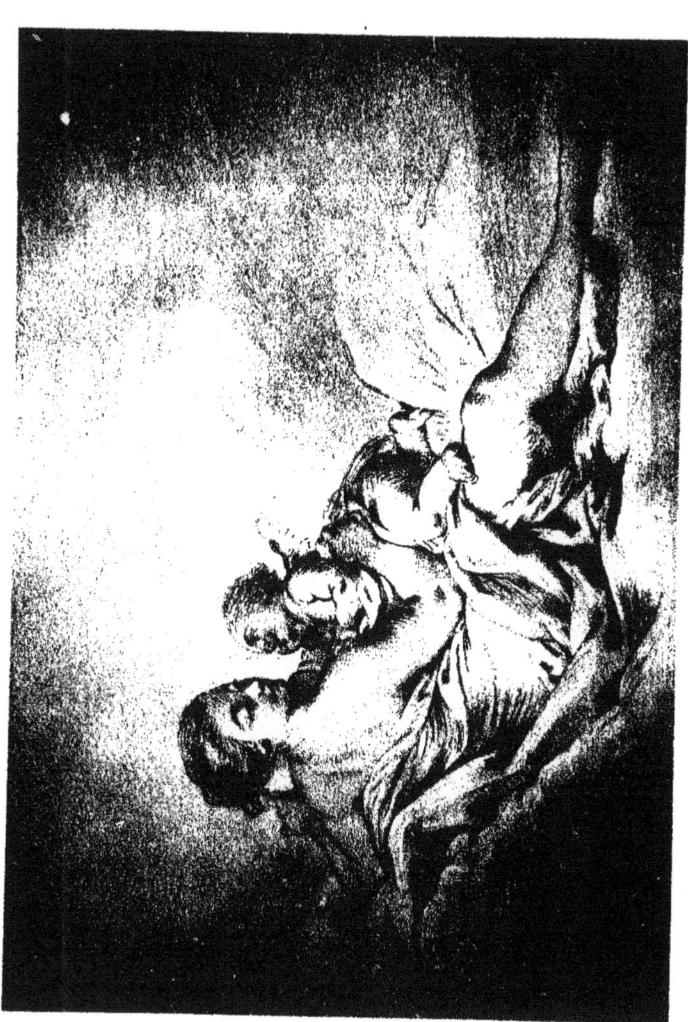

LAGRENÉE
(LOUIS-JEAN-FRANÇOIS)
Paris, 1725-1805

11 — *Allégorie du Dessin.*

Une jeune femme drapée et assise sur des nuages tient sur ses genoux un livre ouvert où un amour exerce son crayon.
Dessin au bistre.
Monture ancienne.

Haut., 14 cent.; larg., 19 cent.

LOO
(CARLE VAN)
Nice, 1705-1765

12 — *Étude de mains.*

Trois mains sont représentées sur la même feuille, l'une tenant un feuillet.
Beau dessin au crayon noir, rehaussé de sanguine et de blanc.

Haut., 26 cent. ; larg., 49 cent.

PARROCEL
(CHARLES)
Paris, 1688-1752

13 — *Convoi d'artillerie.*

Dessin à la plume et au lavis de bistre.
Monture ancienne.

Haut., 5 cent.; larg., 17 cent.

PARROCEL

(CHARLES)

(DEUX PENDANTS)

14 — *Combat de cavaliers.*

15 — *Canons en batterie.*

Dessins à la plume et au lavis d'encre de Chine.
Montures anciennes.

Haut., 5 cent.; larg., 9 cent.

PIERRE

(JEAN-BAPTISTE-MARIE)

Paris, 1713-1789

16 — *Les Lessiveuses.*

Des villageoises sont réunies devant des constructions rustiques,
lavant du linge au bord d'un cours d'eau; l'une d'elle est agenouillée
près d'une fillette vue de dos.
Dessin à la pierre d'Italie.
Monture ancienne.

Haut., 23 cent.; larg., 28 cent.

SLODTZ

(PAUL-AMBROISE)

Paris, 1702-1758

17 — *Trois Aiguières.*

Décorées d'amours, de guirlandes, de mascarons et d'attributs.
Dessin au crayon noir, rehaussé de blanc sur papier gris.

Haut., 29 cent.; larg., 46 cent.

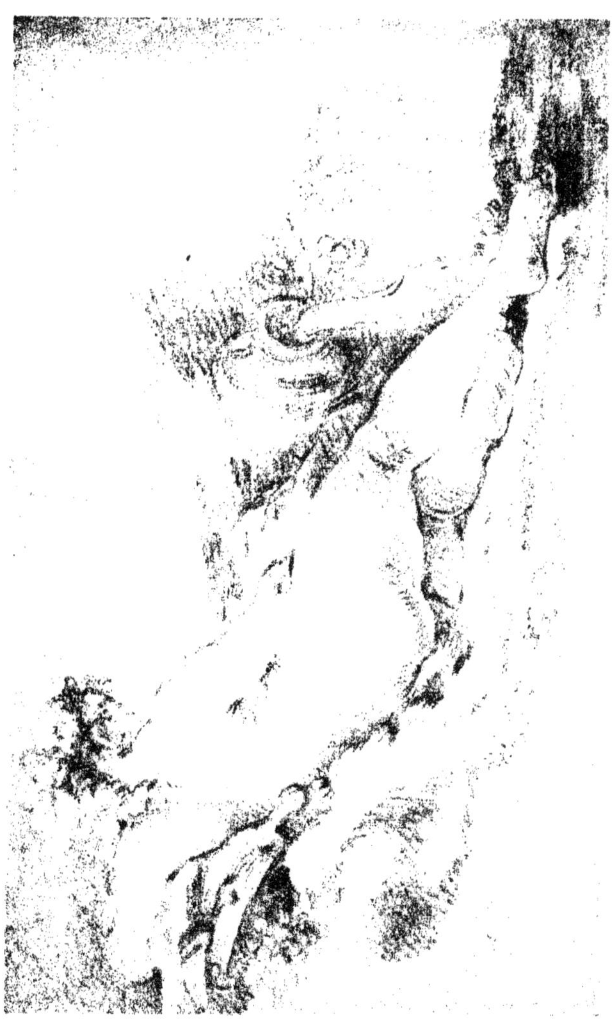

PARROCEL

65 —

  [illegible]

PIERRE

105

  [illegible]

SLODTZ

100 *Trois Aquarelles.*

  [illegible]

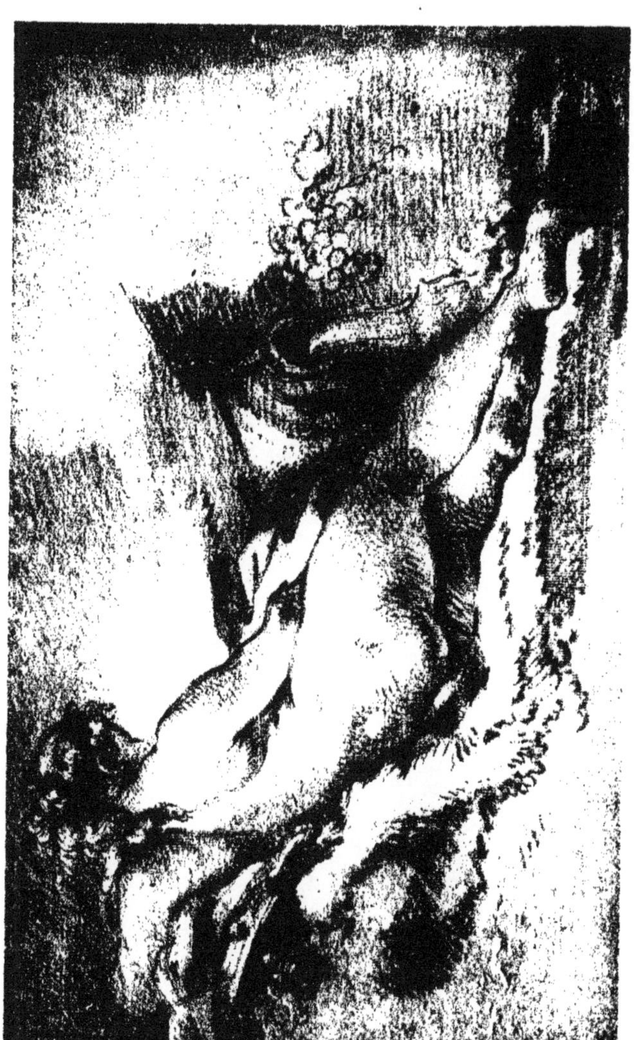

ÉCOLE ANGLAISE

18 — *Paysage agreste.*

Trois personnages sont réunis au premier plan, à l'entrée d'une grotte.

Dans le fond, au pied de collines boisées, une voiture attelée de quatre chevaux.

Dessin au lavis d'encre de Chine.

Haut., 10 cent.; larg., 24 cent.

ÉCOLE FRANÇAISE

19 — *Ganymède.*

Il est représenté dans les nues, porté par un aigle.

Dessin à la sanguine.

Monture ancienne.

Haut., 33 cent.; larg., 29 cent.

ÉCOLE FRANÇAISE

20 — *La Nativité.*

La Vierge, portant l'Enfant Jésus sur ses genoux, est entourée d'anges et de bergers apportant leurs offrandes.

Dessin à la plume et au lavis d'encre de Chine.

Haut., 24 cent.; larg., 34 cent.

ÉCOLE FRANÇAISE

21 -- *La Présentation.*

Dans un palais à colonnes, un homme, debout sur les marches d'un trône où un prince est assis et entouré de sa suite, présente une jeune femme en pleurs, agenouillée et accompagnée de deux suivantes.
Dessin au bistre.
Monture ancienne.

Haut., 17 cent.; larg., 13 cent.

ÉCOLE FRANÇAISE

22 — *Scène tirée de l'Histoire romaine.*

Composition de quatre figures dans un intérieur rustique.
Dessin au bistre.
Monture ancienne.

Haut., 19 cent.; larg., 23 cent.